Tannat

Regina Ramos

Colección
Libros de la Hospitalidad

TANNAT

© Regina Ramos
© Prólogo: María José Bruña Bragado
© de esta edición: Olé Libros, 2026

Colección dirigida por Viktor Gómez «Valentinos»

ISBN: 979-13-87951-32-0
Depósito legal: V-56-2026
Impreso en España

KALOSINI, S. L.
Grupo editorial **olélibros**
equipo@olelibros.com
www.olelibros.com

PRÓLOGO

TANNAT: «UN VERSO ES UNA FORMA DE ESTAR VIVA»

Tannat, último libro de Regina Ramos, poeta uruguaya de trayectoria ya consolidada en el ámbito de la creación oriental, desembarca en España gracias a la gestión impecable de Víktor Gómez Ferrer Valentinos, nombre al frente de la colección «Libros de la Hospitalidad» de Olé Libros, donde se han publicado obras de Isel Rivero, Jenaro Talens, Clara Janés, Rodolfo Hässler o Viviana Paletta.

El poemario ofrece una singular y honda radiografía identitaria que va de lo nacional a lo particular, de lo nacional a lo íntimo, mediante el sutil esbozo de inquietudes y preguntas legítimas por el pasado y por la construcción del mismo; por el presente también, ese de un yo deseante que se va dibujando a retazos, pigmentándose de ese color oscuro, burdeos, casi violáceo («rojo sangre»), del vino que da nombre al libro, y destila, por momentos, ironía o acritud, siempre conocimiento, al tratar de nombrar lo que se escapa.

Signados por la t de «tannat» —lo tanático frente al hedonismo y el eros—, los poemas sugieren la imposibilidad de escapar al origen, esa marca del vino patrio como «cruz», y están enmarcados, a mi modo de ver, por tres textos iniciales, que constituyen un pórtico y toda una declaración de intenciones («¿Qué se muere cuando muere un poeta?», «Lectora» y «Lecturas»). Desde el inicio, se nos anuncia un sujeto determinado que conoce y escoge su posición en el campo literario:

su parnaso particular, su reflexión sobre la escritura y unas lecturas en las que se verbaliza, Bloom *dixit*, cierta ansiedad o angustia del peso de esa tradición recorrida con fervor. Ese yo cada vez más ensimismado que escribe, lejos de lo material, pero con los pies afianzados en la tierra; un yo que desea, evoca, recuerda, construye, escribe, a veces de manera cáustica o amarga, otras con aceptación y una franqueza que desarma, es un yo autocrítico, a veces autodestructivo, que ignora si todavía queda tiempo mientras descarta y aniquila sus poemas («Danza de los porquerizos"»). Escribir desde la letra muerta («¿Qué se muere cuando muere un poeta?»), curar la herida con la escritura y que el papel, vivo e imperfecto, contingente, frágil, sustituya al bronce, tratar de decir lo no dicho, hacer el ejercicio de deslindar vida y obra («los libros para los lectores / el poeta para los vivos»), pero también encontrar un estilo propio, una forma de estar, desear, escribir, amar, dar, recibir, resistir. Un carácter o temperamento único, distintivo. Como el tannat.

La mirada retrospectiva al siglo XIX y a la articulación, violenta y árida, de una idea de país a partir de los mitos fundacionales permea buena parte de los primeros poemas, teñidos de un léxico y unas referencias autóctonas, marca de América del Sur, específicas de la historia y cultura de Uruguay («La caudilla», «Gauchos y flores», «Melchora», «milonga», «baquiana», «ceibos», «malvones»), así como de nociones vinculadas al imaginario concreto de la independencia, con su carga bélica y supuestamente heroica («sangre», «banderas», «caballos», «caminos», «gauchos», «los caídos»), constantemente desmitificada, desarticulada, bajada del pedestal de las estatuas ecuestres («Caudilla del clímax», la «tropa» se vuelve «ropa»), hasta llegar a lo corrosivo («el poeta muere por la boca»). Esa tierra parcialmente inventada, liminar, arbitrariamente fronteriza —como todas— que rechaza su nombre y que es hija por igual de los campesinos de América que de la Toscana italiana. Por otra parte, es perceptible una clara impronta o huella, en la sonoridad de los poemas, del ritmo popular, con frecuencia muy marcado, musical y que nos remite a los payadores; también en el léxico salpicado de coloquialismos y regionalismos que dan un regusto oral, auténtico, de jerga hablada o cantada. Así conviven lo alto y lo bajo, la «égida» y el «oxímoron», cultismos o tecnicismos como «segrinado», «cedazo» o «zaranda» con la pura oralidad. Se rescata, además, de la historia y cultura con mayúsculas la genealogía femenina, «menor» en el sentido que Deleuze y Guattari aplican a Kafka: abuelas, lideresas, campesinas, caudillas junto a escritoras fundacionales de la tradición uruguaya: de Marosa di Giorgio a Cristina Peri Rossi (especialmente presentes en el poema «Soul» que bordea la estética neobarrosa de Perlongher, la primera Bracho o de Roberto Echavarren: «la vid / la vita / la vida / la víscera / de una mujer»). Se llega finalmente a esa «Lautreamona» acre y mordaz, también autorreflexiva. Y es que en Uruguay los poetas, más que los políticos y los deportistas, como se afirma con sorna, son parte esencial de la identidad nacional («y en la ciudad / en que los poetas locales eran los héroes / y no los deportistas»).

Sin embargo, la Banda Oriental tiene también, inevitablemente, un hilo que la une a Europa y es un mosaico de tradiciones, lenguas, culturas. Es por ello que se alude, por un lado, al imaginario clásico o a la mitología grecolatina («Sémele», «Hipno»), a la tópica occidental y la iconografía medieval y del Siglo de Oro español, a las comedias de capa, pero también a la vertiente neopopular de Lorca («Ubi sunt», «la corneja diestra» «cuchillos», «honra», «luna»). Uruguay, siempre escindido con un ojo aquí y otro allá, que mira tanto al norte («McCullers»), como a su hermana mayor, esa Argentina tan fecunda literariamente («Fogwill», Borges y sus reyertas milongueras y gauchescas donde el destino funesto siempre cumple un papel y llega puntual), pero sin dejar de bizquear hacia Europa y mirar a lo propio, a esa idiosincrasia que tiene, además, un acentuado gusto por lo raro, la melancolía caprichosa, la genialidad extravagante y alucinada (Felisberto Hernández, Lautréamont, Marosa di Giorgio, Cristina Peri Rossi). Ese paisito situado en tierra de nadie, lejos de todo, varado como barco encallado, tiene, sin embargo, su propia producción y temperamento, una fertilidad tan audaz como la de la reinventada uva francesa, como la cepa que crece con otros aires, otro sol, otro humus, otra lluvia. Lo agreste, salvaje, rural, tradicional se percibe en la atmósfera y prosodia de los poemas en los que se sitúa un sujeto femenino consciente de serlo: libre, experimentado, lejos de una femineidad convencional, «desprolijo», irreverente y, lo más importante, con agencia (es una mujer que dispara en «Tiradora», es una conocedora de caminos y atajos en «Baquiana»).

De forma paulatina, a medida que avanza el libro, el yo comienza a replegarse y retraerse, en una deriva progresiva que implica un adelgazamiento en la articulación del lenguaje, del verso, hacia un despojamiento de lo general, lo histórico, lo patrio para ir hacia dentro, hacia lo íntimo, hacia el yo. Como nueva Circe, hechicera y sabia, se reflexiona sobre errores, carencias, aciertos y defectos, sobre el amor y sus heridas: el desperdicio de tirar los poemas a los cerdos en «Danza de los porquerizos» como advertencia también a una misma. *Piano piano* el hueco («baldío»), el vacío, lo quieto, la ausencia, el deseo desencantado, desalentado en su propia esencia («se ama muriendo de algo», «No hay hombre posible / con quien pronunciar poder como verbo») dominan el tono y ocupan la semántica toda en los poemas, así como cierto espíritu de resiliencia («superviviente») que encuentra su refugio en la escritura. Así, la veta metaliteraria impregna unos textos («la escritura», «el poema») donde el juego visual, formal —de tanta importancia esta veta vanguardista, oulipiana, ligada a la poesía concreta brasileña en Uruguay— sigue latente en buena parte de poemas de estructura caligramática («Luna» «Lluvia» con su «Badajo de tinta / A E I O U»), en los neologismos («orgasmear», «rosaditaverdosa»), los calambures, los juegos de palabras, las aliteraciones de cuño neobarroso.

El género es un eje que atraviesa horizontal o transversalmente todo el libro: se pasa, entonces, en una lógica interna evidente, de la recuperación de las figuras femeninas del siglo XIX, a las abuelas que tejían, lenta y pacientemente, la historia y el destino para terminar con la pregunta: «¿Poeta o poetisa?» que queda, obviamente, sin respuesta porque no es necesaria: es ella y basta. Es la búsqueda de una identidad en soledad, de una personalidad o singularidad, áspera y a la par suave, ácida, intensa, anhelante de complicidad lo que interesa al sujeto. Esa intensidad va encontrando un camino en un intento de permanente indagación o experimentación de lenguaje insatisfecho, como los cruces y tanteos de la variedad Tannat, símbolo del país que, procedente del suroeste de Francia ha encontrado un sabor original, con reminiscencias nativas y ajenas. Al final solo importa esa escritura propia, esos taninos inconfundibles en el paladar. Salva un gusto («ríe baila / escribe ama») y en el despojamiento nos quedamos, siempre, con lo esencial resbaladizo, fugaz («Para aceptarla escurridiza / líquida / llora»): «un hueso / una vena / un órgano» en ese *carpe diem* vuelto *tempus fugit*. Basta solo aspirar a un verso color rojo sangre, buscar «el oro / el vino / la noche» como «una forma de estar viva».

María José Bruña Bragado
Universidad de Salamanca

La T es lo más parecido a la cruz.
De la palabra CRUZ a la T están los hilos que no veo.

En cualquier Sur comulgo para no romperlos.

¿Qué se muere cuando muere un poeta?

Mensurar las paredes de este cuarto
Absorber el silencio de la puerta
Girar la cerradura para siempre
ALFREDO FRESSIA

El ocho de febrero de 2022
pensé descaradamente
en la muerte de mis amigos.
El *ubi sunt* es broncíneo
y todo lo que está en bronce o en mármol
ya no se llora.

Los vocablos están incrustados en sus cuerpos
y destellan en ensoñaciones orfebres
para anclar los sentidos del silencio.
Un nido de papel
o tacto dubitativo
en labor barrosa
urania.
La ilación de la pena con la belleza
en el blanco
con el negro
siendo azules
como la dulzura
cuando queda el recuerdo.

El ocho de febrero me recordó:
los libros para los lectores
el poeta para los vivos.

Lectora

Se obsesionó con sus nombres; entonces, le ponía a un libro la cara del problemático. Fogwill, Hernández, McCullers tacharon al deseo de escribirles. Un placer menos ensimismado le recordaba, con oprobio, que aquello del tuyo y mío, nunca era nuestro.
Leyó como nunca la mejor literatura.

Lecturas

Todos esos números solo para ser el cero.
Estoy mirando con los ojos de los muertos
a una ínfima certeza
de un punto posible.
Postal de un ciego
con su mano roja del desierto
en su reposo fabricado.

No hay prisa o lentitud.
Será que no quiero la vida aburrida
del matrimonio con las cosas.

Soy la que no olvida.
La que no quiere.

Una mujer que nunca debió existir.

Danza de los porquerizos

Desvahar en el otoño
ser reñida en el cuerpo por el añil.
Hay tiempo —se dice—
en el segundo de no saber qué hacer.
Se quema y arriman más leña,
en ocio complacidos
en las rutinas temerosos
de que en el descuido salte la brasa,
la chispa
y el incendio
hagan un recuerdo vergonzoso.

Las pasiones son antiguas.
Se disimularon quemadas
y (no) cesan.

Esa sensación de consumirse
en poemas
tirados a los cerdos.

Milonga

Pablo de María está húmeda
Paso del Rey está húmeda
Bolívar tal vez se humedeció antes
y sus vidrieras empañadas de rutina
la hacen caer a destiempo.

Caer es un arte.

El arte de servir
de perder
olvidar
entregarse a toda esa sabiduría tan sonada
arisca a la propiedad
a volverse carne
y vivir.

La alegría le da un verso:
esto también pasará.

Ahogada lo recuerda.
Ama al todo para morir
en un tranco cansino

tan taaaran tan
taaaran tan
taaaran tan

en paz.

La caudilla

Caudilla en el anticlímax
verbeando la proeza.
Va por los montes nativos de certeza:
sufriendo se sufre menos.

En un taxi, diligencia
Montevideo está empañada en sus ojos de Cabrerita
(va) callando las palabras
pastizales que tapan el retrovisor.

La felicidad es un pago, a Melchora un polvo
sacudido y caído de las manos de la historia.
Muchacha campesina
es un poema
por nombrada Caudilla del Clímax
mujer
y resurrecta.

Gauchos y flores

Si el cuchillo ritual sale de la vaina
debe correr sangre, así sea una gota.
Si estaba claro en luna llena
esa noche fue menguante.
Para recuperar la honra hay que perderla,
ser navaja española:
no me saques sin razón ni me guardes sin honor.
Fue un canguro en la vaina el mensaje.
Similar al de la muerte de Flores:
JUNTE LA TROPA Y VÉNGASE
pero leí
JUNTE LA ROPA Y VÉNGASE.

Baquiana

Rastreadora por baquiana
recorre
abriendo un renglón
pisando la chirca
donde solo había hebra.

Es inmensa la vista.
La intención a color
y se repite el gesto
como el vicio
de crear con solo huellas la conversación
que se asentó en el silencio
bordeando el dolor preferido
y al límite de besarlo con desprecio.

Cuida el hervor
del tacho recalentado
en el que se cuece el adiós.

Tiradora

Apunto aquí
para dar allá.
El pelo enmarañado
del deseante que lo peina
y frustrándose acepta
que el descuido es fiel.

Los caídos

El sexo
signo
que se distingue en el celo
mató al caballo.
A la muerte llegan puntuales
por izar la bandera en la noche.
Nadie duerme en la guerra entre encajes.
El tiempo de los atajos
siempre es destino
con el nombre de las cosas.

Fundamento

Mi succión no fue esculpida.
Fui arrancada del mito fundacional.
Mis hermanos hicieron
que transformaran mi nombre en una nación.
Respondo que no puedo
cuando me dicen que les tenga miedo.

La tinta corre en las orillas.
Leche de los ríos
en los jardines de la imagen primera.
Dos campesinos de un sur
beben del mismo jarro
comen en una tabla de madera
se olieron como animales.
Solo vivieron
y me dieron una antigua gracia toscana
con la que he conseguido algo de belleza.

En la comunión que se hace por la boca
leche
humo
ritual de primera y última vez
consejo de la paciencia
penden de mis pestañas como toros.

Adorno

Un suspiro entrecortado
el alivio del sollozo
con los pedazos del jarrón.
Su fealdad solemne
impidió el descarte
cuando la circunstancia decidió
como un desparramado misterio
que conformó la decisión.

Sí

Las palabras que se repiten
son los versos con los que tejen las abuelas
al hexámetro o la receta
del misterio
de un destino.

No

La precisión con la que pronunciaste *cosa*
y era cosa
o no pronunciaste
y solo fue silencio.
El poeta muere por la boca.

Soul

Lautreamona machucada
rosaditaverdosa
es siempre oxímoron la sabiduría.
Manzanillas, rosas y mentas
en el patio de Atahualpa
en un centro pecho
donde la *sortie de Brain*
se saca la égida.

Con la voz del ahogo
mira por la ventanilla
a los juncos que no pueden ser apuñalados.
Son la carne del amor,
de la droga dura:
el amor es una droga dura.
Los labios maquillados,
con la herida en ramo
arrancado de lo imposible.
Baja lo amargo por la garganta hasta las caderas.
Es indiferente.
Cree que algo es en sí mismo
como nacer y morir
en un tajo
un nombre
un no.

Moja los labios para pronunciar:
Poema.

Te nombraré para que seas
Marosita estirando los tacones
fuera de la forma
del apriete
del escuadre
con cedazo o zaranda
crear un segrinado
en un pensamiento mal vestido
trasnochado sin pilares
sin opuestos
dando a Eros cuatro ofrendas
la vid
la vita
la vida
la víscera
de una mujer
¿Qué *soul* acompaña eso?

A Eros cuatro ofrendas
para quedar en el rumbo
del rosedal ardiendo.

A Eros el hombre nombrado.
Y la dejó en paz.

Amaneció.
Fue cualquier día.

Sémele

La felicidad es el cuerpo respondido.
Estás a tiempo —me dijo—.
—Tu deseo no tiene nombre.

Y conocer al dios fue fulminarse.

Vocación

Escapa del viento hostil en tela transparente
y de las rocas que mienten en celeste.
Manos grotescas hojeando
la profundidad.

Es una profesora de la elipsis
con una maestría:
dar a personas algo
que no valoran.

Hermana de Hipno

Maltratan la transparencia
—dijo—.
Me dio un cartucho de tinta negra
y agregó:
—El sol, lo sabe.
Y un párpado nube tapó su ojo.

Me dedico a cosas que no se ven.
No lucen.
Evito el fanatismo acromático
de las pulseras esclavas
o la casa de marfil
donde toda videncia
quedó en sueño.

Modelo

No sombrear al tiempo
con los valores del descuido.
Que beba luz y sea él
quien pincele una forma.
Sin quererlo
será más que sí mismo.

El énfasis es mío

En la edad en que no somos merecedores de lástima
se exilia la piedad en la risa.
Es una prócer que volvió para decirte
que sabe volver a la rutina del desinterés.

Nacer y morir.
Los labios de la saciedad.

Pero comemos para hablar
y nos amamos para dormir.

En opulencia la manta piel caída.
Fui una gimnasta de la caricia
una mercachifle de la palabra
una gata en un tarro de basura
o la lira que no solo fue arte
(puesta en abismo) fue historia.

Dichosos los ceibos
frambuesas
ciruelas
rosas
malvones
dichosos Ustedes que pueden amar
con prudencia permanencia
en rojos sangres (todavía) sin herida.

Desperté y vi el brazo como necrología del placer.

La vida es color de roja
o un poema como forma de milagro de los hombres.

Pasado

Te llamé desde los huesos
desde el suburbano miedo
con los dedos apuñados en cero.
No hay remanente
ni acaso
ni baldío.
Una corneja diestra silencia al aire
vuela y se posa en la ceniza
y allí sin testigos
da su canto sin canción
de ayer y anteayer.

Aroma

Amanecí la lluvia higiénica
despeinada
con olor que deja desear.
Viví el viaje
me trajo a orgasmear aquí
al plata y nácar
donde *el filo no es el hilo no enhebra.*
Tajeada aún más
con doble surco dulce
me bañaré también
para apurar al olvido
del que me diste
una prórroga.

Aguja

Su tajo ojival
ojo huidizo.
La profundidad que atraviesa
una línea elástica
que usa su hueco
él todo elástico
en su boca
su pecho
su vientre de aire
para atravesar con su rotura
y el descosido intento que terminará
cuando la abandone
hasta el nuevo ensayo
de artesanía doméstica
que usa su hueco.

God save the king

La reina no llama.
De otros es su forma y su nombre.
Tiene los pies grandes
las manos también, para bastarse.
La vida la consuela
pero cuando llora
todo el pueblo lo siente.
Las palabras cuestan en salir
de cada boca
de cada mal hablante
que ha volcado un descuido.
La escucha el silencio
y le muestra esa canción con verdad
que rodea a un perro vecino
rompiendo bolsas de basura
en la calle Paso del Rey.
La reina no ama.
La reina de paso del rey.

Costo

Olvido tu beso nervioso
un hueso arrojado al baldío
sabiendo que fue vida
fibra líquida lavosa
pero ahora piedra quieta
en un lugar y en un momento.

Tu geografía abandonada
en el hombre que no puede ser
más que hombre.

No hay hombre posible
que diga luna y piense en mis muslos
que diga vos
olvidándose de algo.

No hay hombre posible
con quien pronunciar poder como verbo.

Están todos apilados en un camposanto
en donde amar y morir es:
se ama muriendo de algo.
Llaga que va tomando
las comisuras de las ideas
y no hay hombre posible
que piense sin labios
o le duela un secreto.

Sobreviviente.
Unisexual
de vida triste y ojos hermosos
—dijeron—.
No hay hombre posible que sepa la diferencia
de ser la única
en cliché de bar
escribiéndose
mientras mira un joven de reojo
uno de esos
vestido de toro
con los que pretendo tener una relación.

No hay hombre posible
que sepa eso.

Aparición

Sé que te es duro golpear
pero abriré.
Verás el orden en tus libros
las verduras de plástico
la fruta de oro
el vino picado
y la noche será solo para esperar.
Desearás mi muerte
desearás.
Otra puerta me dejará en una paz muerta.
Obsesionada buscarás
el oro
el vino
la noche
y al plástico de otros ojos de monigote.

Mensajería

No están ahí
en esa placa cargada de mugre y huellas.
No están ahí
en la continuidad del sentimiento
con el que esperas el saludo o la respuesta.
No están ahí
ni siquiera en la mirada fija
que pretendes de la imagen.
Todo es espejo
distorsionado por las culpas
y atractivos violentos
y famas de otros
y vidas de otros
y pedidos ansiosos
y la necesidad de creer
que por ahí se dará.

No están ahí.
Ni siquiera en el sí.

Espacio

Cuando escribimos voces que pretenden ser cuerpo
el hueco es simpleza
búsqueda de un hábito.
Cuando la recurrencia quiera renunciar
y nos miremos aburridos
seremos
cuerpos contados.
El amor es un texto sin lectura posible
un símbolo inacabado.

El jinetero

Song

el león alado
se apostó con *Crackin Up* de Bo Diddley
y en la ciudad
en que los poetas locales eran los héroes
y no los deportistas.
Juntó los restos de tabaco de la mesa
los puso en la hojilla
amarillento
me enseñó a sonreír
a vivir del sol.

Completitud

Perdí palabras que me recordaban algo
Espacio Tiempo Verdad
perdí dignamente
como solo los sobrevivientes pueden hacerlo.
Recordando lo que no exige el ahora.

El gusto

la música
el silencio
los regalos
nuestro nombre
y todo lo fundado por esa ley antigua:
la ley del capricho.

Casa

La cáscara de sal que es mi casa
a una hora de la noche
tiene el tiempo de los atajos.
La marea devuelve a la orilla
un cuerpo blanco
de paredes tachadas
por los ojos curiosos
que ven la pulcritud
de la escritura.

Sol

No me guardo.
El límite es un surco
hecho por la lágrima
pez amarillo encandilado
dejando la picazón de su impureza.
En la honda caverna
repetida una pretensión
entre la terca genealogía.

Lunar

Cuando en la noche
no estás a la altura del texto
el erotismo es subirse en el *swing*
de cualquier arte
de vivir un movimiento.
En ocasiones he elegido una canción de Amy Winehouse
para llegar a la isla de plástico.
Es una Francia hecha a medida del consumidor.
Una tortuga enredada en el cable de auriculares
maquillándose un lunar con una Pilot 07
un punto
una pupila
un poro
de plástico fundido.
Norte de basura
de los insatisfechos.

Lunática

Tengo los pies fríos,
la luna mirándome.
Me quiere escriba de su anhelo.
La luna es luna en cualquier lado
y yo la niego
por la púa que me ha tajeado.
Ella tampoco espera.
Sabe que el ánimo
no se da.

Lluvia en La Menor

Por las estructuras que se solidifican
pero luego se desvanecen.
Por la inadecuación del tiempo y el espacio.
Por la vida que rodea
ríe baila
escribe ama
pero no constante.
Para aceptarla escurridiza
líquida,
llora.

Lluvia en La Mayor

La lluvia también moja a las herramientas
ignora formas seductoras
a los remos que fueron conocidos
o a su semejante en reposo
debajo de la cubierta.
Las aguas no hacen distinciones
se drenan en cualquier cauce.
Embarazados los intereses
reman, avanzan, toman
todo lo que quieren frustrándose.
La gota se evapora
se encarna
se envenena
en oleajes se estanca
en corriente se riega a sí misma.
Lluvia apretada en un puño
se concentra y cae de un cielo plano
a los relieves de una agenda
con un tenaz recordatorio:
no hay que vivir así
no hay que vivir así
no hay que vivir así
y se desborda.

Lluvia

Badajo de tinta
A E I O U
anuncia la lluvia
en la blancura.
Ni ayer ni ahora.
La libertad
es callar siempre algo.

Presente

El pasado es lo que leo y fuerzo a decirme.
Actualizar es callarse algo.

¿Poeta o poetisa?

Soy sola es un verso tannat hondo.
Señores, todos:
un verso es una sentencia.
Usado en un poema
un hueso
una vena
un órgano
que no se sabe bien cómo
ni para qué
pero funciona.
Un verso es una forma de estar viva.

ÍNDICE